분단서시

분단서시

신한식 시집

신아출판사

| 시인의 말 |

우리나라는 미·소 강대국의 힘에 눌려
남북으로 어쩔 수 없이 분단을
만들어 놓고
1950년 6월 25일 동족상잔이라는
뼈아픈 상처를 앓았다.
남북 이산가족이
평생 동안 고향을 지척에다 두고
아무리 가고 싶어도 가지 못한 채
헤어진 가족을 만나지 못한
쓰라린 분단의 아픈 심정을 시로
읊어 보았다.
이번 분단서시 출간을 적극적으로
추천해주신 서정환 신아출판사
회장님의 배려에 깊이 감사드리고
시집 출판에 협조해주신
편집위원님 노고에 감사드립니다.

2024년
신한식

| 차례 |

- 시인의 말
- 모친 삶

제1부
오월진혼께

오월진혼께 · 16
정신질환자 · 18
통일이라니 · 21
군부 망령 · 23
민주성 · 26
광복 50돌 · 29
소떼도 가는 북녘 · 31
잠자리 삶 · 34
농부 삶 · 37
삼팔선 · 39
사상논쟁 · 41
나팔수 · 44
집권자 자화상 · 46
53회 현충일 · 48
민중영혼 · 51

제2부

민중의 상처

육이오 61주년 · 56
민주 싹 자른 자 · 58
남북 체제꾼 · 61
민중의 상처 · 64
보안법 · 67
누리꾼 · 69
남북 분단 · 71
징병제 · 74
철조망 · 77
이산가족 · 80
삼팔선 철조망 · 83
수학여행(절규) · 86
탐관오리 · 89
조국의 땅 · 92
군화 발 · 95

제3부

그리운 고향

남북은 하나 · 100

제주 4 · 3 · 103

통한痛恨 · 107

분단 정치 · 110

민중의 삶 · 113

휴전선 · 116

생이별 · 119

그리운 고향 · 122

가는 세월 · 125

살아보니(인생수칙) · 127

다수 대 소수자 · 130

동토 · 133

남북전쟁 · 136

조국해방 · 139

이산의 아픔 · 142

제4부

조국의 분단

민주화 상 · 146

국회상 · 149

시집살이 · 152

어머님상 · 154

남과 북 · 156

일용직 운명 · 159

조국의 분단 · 162

민족의 죄인 · 164

생명 · 167

인생훈장 · 169

사계소식 · 171

당신들 · 174

인생 삶 · 177

사노라면 · 179

제5부

평화통일

분단 · 182
이태원 참사 · 184
늙어보니 · 187
아픈 이별 · 189
세월무상 · 192
부모님 계신 곳 · 195
철권체제 · 197
권력타령 · 200
분단망령 · 202
무력통일 · 205
평화통일 · 208
권력자 망령 · 211
망나니 · 214
조상님 농사 · 215

부록

노무현 대통령 영전에 · 220
우정탑 · 223

모친 삶

어머님 생을 조용히
눈을 감고 가십니까
젊어 살아오신 길
얼마나 가슴 아픈 일이
하나 둘이겠습니까

큰딸 작은딸 마음고생
막내딸 큰아들
앞에 보내고
홀로 된 큰 며느리
사연 생각하시면
가슴 아픈 사연이
얼마나 많으셨습니까

젊은 혼시절도
모르고 사시다가
늙으신 몸이 되어
세월이 약이라 할까

할 말이 많으셔도
귀가 어두워
자식들과 속 있는 말
주고받지도 못하시고
혼자 달래신 속마음을
누가 다 알겠습니까

지금 생각하시면
그때 그 상처를
어떻게 달래셨는지요
생의 무상함인지
마지막 남은 생을

생각하실 겨를도 없이
무료한 세월 속에
하루하루 보내시더니
이제는 어머님
제 세상으로 가십니까

어머님 우리 어머님
아무리 불러도
대답 없으시고
목 메인 통곡소리만
허공으로 퍼져가는

메아리 소리
저승으로 들리시거든
자식걱정 잊으시고
편안히 잠드십시오

2001. 7. 27.
불효자 신한식 올림

| 제1부 |

오월진혼께

오월진혼께

오월진혼께
민주함성이
쿠데타 군단
잔학상에
젊음을
다하고
민주화 한을
못 풀어
망월동에
누워 있는지요

산자들은
오늘도
바보처럼
멍청이
바라만 보고
자기 설자리
하나 지키지

못하고
시름시름
앓고 있다가

또 오월이
오면
산자들은
오늘도
민주화
한을 못 풀어
망월동
영전에
달려가
분을
새겨봅니다

1987. 5. 20.

정신질환자

세상에
태어날 때
똑같은
생명선이
저마다
다른 건지
정신질환자
눈망울
바라보면
무엇인가

향하는 시선
곳까지
뚫어져라
바라보는데
무슨
착상일까

머릿속
허공이
자신의
황홀함에
도취되는지
모른다

멍하니
바라보다가
너는 너대로
나는 나대로
때로는
제정신에
도취되어

위안도
해보는
나날들이

어디로
흘러가는지

                        1987. 6. 7.

통일이라니

좌익우익
갈라놓고
놀아나는
무리들아
국토를
잘라놓고

무슨 놈의
사상 몰이가
날새는 줄도
모르고

아무 죄 없는
민중들의
가슴에다
철못을 박아
멍들게
해놓고

이제 와서
하는 소리
좌익우익
편 갈라 놓고
잔꾀들
부리지마라

　　　　　　　　　　　　1999. 6. 3.

군부 망령

군부 30년
세월 속에
가진 붕상
다 겪고
살아온 민중
참자 또
참자해도
순간이지
그 분함을
참을 수 없어

다시 외쳐보는
함성이
군부 망령에
짓눌려
허탈한 마음
가눌길 없어

땅을 짚고
하늘을
보아도
군부는
뉘우침 없어

뜻있는
사람끼리
민주화
외쳐보지만
군부 망령에
무너지는 날

물위에
허공처럼
허무함을
느끼며

가슴을 치고
통곡하네

                    1999. 6. 9.

민주성

식민정권
무너진지
반백년이
지나도
민주성하나
이루지
못하고

살아가는
떼죽들아
정권에만
눈이 어두워

허공에
잠꼬대
치고는
너무나

어처구니
없구나

이런 세상도
저런 세상도
마음대로
흔들려는
떼죽들아

무엇이
문제인지
모르고
지껄이는
떼죽들아

세상따라
깨우칠 때는
깨우치련만

북녘땅
남녘땅
밟아볼 날
기약조차
못하고

남녘 북녘
하늘만
넋없이
바라보게
하는가

        1999. 2. 7.

광복 50돌

해방이
무엇인지
광복이
무엇인지

구별이나
해보고
감회를 찾아보자

뼈아픈
동족상잔
반세기가
지나도록
겉으로만

조국통일
노래로
치부하는가

한민족
한핏줄이
남과 북이
웬말이냐

애타게
울부짖고
조국통일
회한을
안은 채

남북한
하늘만
넋없이
바라보게
하는가

1999. 8. 17.

소떼도 가는 북녘

헤어질 때는
잠시
총성만
멎으면
가겠지
하는 내 고향

오고가지도
못한
이런 세상
지구상
어느 곳에
또 있을까

재벌은
소떼 싣고
자동차도
가는데

정녕가야 할
우리는
이대로
주저앉아

북녘만
바라보고
소떼 실은
자동차는
연고도
없는데

가야 할
이산가족은
소떼
자동차

물체만도
못하는가

        2000. 5. 16.

잠자리 삶

잠자리
유충은
겨울을
물속에서
보내고
이른 봄이
오면은
나뭇가지에
올라
허물을 벗고
따스한
햇살에

날개를 말라
파르르
날아본다

힘은 없어도
세상 태어난
기쁨으로
푸른 하늘을
마음껏
날아보는
세상맛을

미처 몰랐네
공중으로
훨훨 날다가
날개가
아프면
나뭇가지에
올라
쉬었다가
해치는 자
없으면

한세상
살다가

가을 밤
찬서리
내리면
운명처럼
숨을 거둔다

                                2000. 8. 7.

농부 삶

농토 아니면
죽는 줄 알고
허리띠
졸라매고
한 뙈기
두어 뙈기

불린 재미로
배고픔도
배부름으로
생각하고
살아온 농부

산업화에
떠밀려
하나 둘
농어촌 떠나

묵어가는
논다랭이

잡초로
뒤엉켜
기력마저
잃어가는
농부의
삶터
텅빈
배통이라네

2000. 11. 25

삼팔선

삼팔선 명명자
누구이더냐

알고 똥싼 짓을
해놓고

시치미 떼는 소리
하지마라

나는 충성자
너는 반역자

아웅다웅
하지마라

민중만 물 먹이고
능청 떨지마라

미친 짓거리
그만하고

삼팔선 명명자
제정신 들거든

민중들
보는 앞에

철책선이나
거두어라

2001. 6. 25.

사상논쟁

조상께
물려받은
은혜의 땅
오욕되게
만든 자
누구의
씨앗이기에

북쪽은
인민공화국
남쪽은
대한민국
조작하는 자
사상논쟁
아니냐

대대손손
보금자리
몸부림
치게 한 자
누구이며
몸부림친 자
누구냐

반백년
지나도록
탯자리
머리에 두고
오고가지도
못하는 땅
가로 막아 놓고

좌익우익
따지는 자
사상논쟁
아니냐

                      2001. 7. 8.

나팔수

북한 나팔수
남한 나팔수

삼팔선
정해놓고

좌익우익
세력싸움이

날 새는 줄도
모르고

민주의 삶터
담보로 잡아 놓고

쪼각나라
웬말이냐

낯 뜨거운 줄도
모르고

활개치는
차들아

무슨 허황한
꿈을 꾸고

좌익우익
편갈라 놓고

권력 싸움만
하긴가

2001. 8. 2.

집권자 자화상

나라에
충성한다고
태극기에
경례하고

애국가
부르는
뜻을
무색하게
해놓고
딴전 부리고

풀잎에 맺힌
이슬처럼
맑게
살아가는
민중의 육신에

서릿발
내린 자
누구의
광풍인가

권불
십년이란
오명의
탐관오리

동학농민
혁명
환생을
되불러
오는가

2001. 10. 5.

53회 현충일

남북한
권력자가
젊은이들
끌어다가
좌익우익
권력자들
제물이 되어

죽음의
가치도
모르고
전쟁터에서
억울하게
사라졌네

권력자들의
선심인양
나라에

충성한다고
전몰
유공자라고
말로만
위로 하려든다

동속상잔을
해놓고
우리 무덤을
모아 놓고

현충일
이라고
이름지어
놓고

묵념하는
모습 보면

유족들은
통곡한다

2008. 6. 6.

민중영혼

남북한
희생자
영혼이
백두산
이루고

백두산
영혼이
한라산
민중
영혼과 함께

지리산
민중영혼
불러 모아

백두산
영봉으로
가려니

아직도
남북한
휴전선
철조망이
그대로 남아

갈 길을
잃어
기가 막혀도
남북한
철부지들이
민중의
영혼
희생이

누구 때문인지
알기나
하는가

                        2011. 6. 21.

| 제2부 |

민중의 상처

육이오 61주년

1950년
6월 25일
동족상잔
일어난 지도
61년이
돌아와도

남북 간에
조국통일은
감감
무소식
누구를 위한
남북한
단독정부인가

6월 25일
피맺힌
동족상잔

상처를
누구 만들어 놓고

자기들은
알면서도
사상몰이로
위장하고

자기들
목숨은
귀족이고

민중의
목숨은
파리
목숨인가

                        2011. 6. 25.

민주 싹 자른 자

민주주의
한다는 자
국민을
속이고
독재권력
부리다가

4월 19일
대학생들이
민주혁명
일으켜
민주주의
싹을 틔우니

푸른 제복
꾼들이
하수인
불러 모아

유신헌법
만들어
한국적
민주주의
한다고
하더니

민주주의
말살하고
유신잔당
종말인줄
알았더니

유신 잔재들이
또다시 뭉쳐
권력 영웅
놀이하다가

1987년
6월 10일
민중항쟁
힘에 밀려
항복하는
군부들의

진실성이
아직도
반성의
여지가
안 보이는 구나

2013. 2. 11.

남북 체제꾼

북한은
일인
독재자
세습제이고
남한은
민주주의
허울뿐이고
서로 핑계만
일삼고

누구를 위한
남북 간
체제만
일삼고
별의별짓
다하고
그것도
모자라

젊은이를
국방군
이라고
전방에
전진배치

나라를
위한다고
충성을
한다고
지껄이는가

남북한
권력체제
지키려고
민중의
아픔도

안중에도
없구나

                        2012. 8. 14.

민중의 상처

일제시대
식민치하
시달림
받아오다
해방 기쁨도
모르고
분단이
웬말인가

남북한
젊은이끼리
총부리
맞대고

동족끼리
피 흘린
동족상잔

상처 자국이
가는 곳마다

권력에
광분한
자들아
좌익우익
패거리로
싸움만
일삼고

민중을
이간질
해놓은
철없는
패거리들이
아직도
분단의

철벽은
높아만 가고

장벽이
무너질 날
고대하지만
언제나
무너질지
감감
무소식이네

                        2012. 12. 5.

보안법

보안법을
만들어
한나라
한민족을
남북으로
갈라놓고
잘난 척
하긴가

민중을
배반하는
빗나간
이런 세상
어디에
또 있을까

구년 묵은
사상논쟁

권력자들
농간아니냐

어느 시대
인지도
모르고
민주의식
수준도
모르고

철없이
날뛰는 자
권력자
망령아닌가

2013. 4. 30.

누리꾼

민주주의
한다고
직선제실시
국민들도
모르게
특권법
만들어

이익이 되는
일이면
대상을
가리지 않고
날뛰는
누리꾼들
체면도
불사하고

부동산 탈세

주가조작
매관매직
통째로
누린 세상
잔치를
벌려놓고

저소득
근로자
몫까지
챙겨가는

누리꾼
과욕이
민생고를
힘들게 하네

2013. 5. 16.

남북 분단

반세기가
지나도록
남북으로
갈라놓고
네 탓 내 탓
하는가

누구를 위한
분단국을
만들어
오늘날
까지도
뉘우치지
못하고

서로서로
트집만
일삼고

남북한
평화통일

실천하지
못하고
남북한
권력자

날 새는 줄도
모르고
사상몰이
골몰하고

언제나
남북한
동포가
원하는
조국통일

이루어
질 날이
언제쯤이나
돌아올지
감감
무소식이네

                      2013. 8. 6.

징병제

권력자들
정략줄이
남북으로
갈라놓고
20대 장부
포부기상
다 꺾어놓고
희생을
강요하는가

무슨 놈의
편을 갈라
철책선
지킨다고

명분논만
내세워
20대 장부

팔팔한
기백의
자유를
앗아가는
정략가들아

언제나
정신 차려
노망한
짓거리
멈출 것인가

20대 장부
청운의 꿈을
징병제가
송두리째
앗아가는
촌음을

낭비하는
시대가
언제쯤이나
사라질까
남북한
막아 놓고

20대 장부
희망의 꿈을
앗아가는
징병제 시대
누구를 위한
방패막인가

                               2014. 4. 8.
손자 지항이 논산훈련소 면회 시 할아버지가 느낀 시구

철조망

새들은
철조망
경계
초소도
없는데

만물의
영장인
인간은
탯자리
지척에
두고도

가고 싶어
죽도록
바래도
가지 못한
고향산천

속이 터져
말을 해도
모른척하는
무리들아

남북으로
갈라놓고
무슨 놈의
염치로

누구는
충성자
누구는
역적
말장난
그만하고
정신차려라

아직도
제 잘못
뉘우치지
못하고
속이는
이런 세상
언제쯤
끝장날까

2014. 1. 28.

이산가족

한 가족을
모질게
갈라놓고
이산가족
상봉이라니
어처구니
없구나

인간이 인간
탈을 쓰고
혈육을
만나지
못하는
이런 세상
만들어 놓고

가진 풍월
다 읊어

73년이
지나도록
누가 만든
제도인지
잔머리
한번 굴러

고향땅도
아닌 면회
장소에서
반백년 만에
만나니

평생 동안
쌓인 정을
서로 서로
부둥켜안고

목메인 한을
풀지 못해
눈물이
앞을 가려
흐느낌에
졸도하게
만들어 놓고

가족 상봉이란
이런 세상
어디에
또 있을까

2014. 2. 30.

삼팔선 철조망

휴전선
철조망이
육십 구년
세월이
흘러도
녹만 슬고
있구나

가을 낙엽
이라면
육십 구년
세월 따라
잎이 피고
지는데

휴전선
철조망이

녹만 슬어
흉물로 남아

바라보는
처지가
어이없구나

휴전선
철조망
무슨 놈의
사연인지
남북으로
갈라놓고

울리는
자들이
낙엽이 되어
우수수

떨어지는
날이 온다면

삼천리
금수강산이
덩실덩실
춤을 추겠네

                      2014. 3. 30.

수학여행(절규)

안산 단원고
2학년 325명
제주도로
수학여행 간다고
몇 날 며칠 설레인
마음으로
잠도 설쳐가며
기다리는 제주도
수학여행길

세월호 객실에서
친구와 삼삼오오
선실 매점에서
군것질 하는
즐거움도 잠시
고대하던 제주도
지척에 두고

진도 근해에서
2014년 4월 16일
오전 8시 55분
세월호가 침몰
칠흑 같은
어두움 속에서

251명 학생이
살아보자고
서로 부둥켜안고
살려달라고
목 메인 소리가
부모 형제
마음을 울려 놓고

아들 딸 생생한
목숨이 차디찬
바다 물속에서

가쁜 숨을
몰아쉬다가
싸늘한 영혼이
될 줄이야
누가 상상이나
했을까

정든 학교 교실
내 책상이
부모님 눈에
유물로 비쳐
절규하는 소리가
아들딸에게
전할 길이 있다면
여한이 없을 터인데

2014. 4. 19.

탐관오리

민중이
바라는
세상사
더불어
살아가자고
얼려도
보지만

탐관오리
떼 지어
배부른 자와
손잡고

배고파
허리띠
졸라매고
살아가는

삶이
살기 좋은
세상인가

탐관오리
사냥에
시달리는
세상살이
종지부
찍을 날
기다려
보지만

탐관오리
심보가
물러설 줄
모르고

민중의
애간장을
녹이는구나

                2015. 4. 31.

조국의 땅

조상께서
물려준 땅
두 나라로
만든 자
누구이던가

알고 들면
알 터인데
모른 척
딴전부린
무리들

기만술이
민중의
마음을
울리는 구나

남북통일
하자는
작자들이
말잔치만
무성하고

언제나
철들어
분단 상처
아물어질까

민중들이
피 흘린
동족상잔
잔인한
상처를

인간 탈 쓰고
민중 앞에
뉘우칠 날
기대해
보지만

갈수록 체제
운운하는
소리가
민중의
가슴에다
철못을
박는구나

2015. 5. 15.

군화 발

군화 발이
이성을
잃었는지
민주화를
짓밟아
아수라장
만들어
민중 혼을
빼놓고

군화 발
자국마다
진흙탕물
만들어
민주주의
싹 자르니
민중들은

한숨이
절로난다

진흙탕물
씻고도
잔인한 모습
모르는 척
딴전부린
모습 보면

민중은
억장이
무너진다
군화 발
야성이
뉘우치는
기색도 없이

답습하려는
후계자의
어리석은
짓거리가

정의를
왜곡하는
포악성이
그대로 닮아
가는 구나

2015. 9. 6.

| 제3부 |

그리운 고향

남북은 하나

남한이나
북한이나
한민족인데
조건인들
묻지도 말고
따지지도 말자

한번 저지른
과오를
이제 와서
네 잘못
내 잘못
따져본들
무슨 소용

육이오
사변이란

동족상잔
뉘우침으로
깨어나

남북은
하나로
뭉치는 날
감정 대
감정으로
맞서는
일일랑

백두산
천지에
몸을 담가
깨끗이
씻어버리고

맑은 정신
들거든
백두산
영봉에 올라

남북은
하나라고
큰 소리로
힘차게 실컷
외쳐보자

        2016. 3. 2.

제주 4·3

1948년
4월 3일
좌익우익
사상이
무엇인지
물정도
모르는

갓난이부터
노인까지
반동분자라고
무차별로
끌어다

학살하는
진풍경이
인간탈을 쓰고

인간들이
할 짓인가

반세기가
지나도록
유족 마음
울려놓고
한마디
반성문도
남기지 않고
살아가는
떼죽들아

4월 3일
돌아오면
가진 만행
떠올라

진상을
밝히라고

유족 대학생
민중이
힘을 모아
학살자
잘못이

백일하에
들어나자
제주 4·3
희생자
묘역을
조성하고

위령탑을
건립

추모식을
볼 때마다
유족 마음을
울리는 구나

           2016. 4. 3.

통한痛恨

해방의
기쁨도
잠시
분단이
가져온
이산의
아픔을

평생 동안
단 하루도
머리에서
떠나지 않아

날만 새면
부모형제
이산 아픔
한시도
잊지 못해

심장이
멎을 것처럼
눈물이
앞을 가린다

누구 때문에
이산의 한을
이토록
풀지 못하고

부모형제
죽마고우
조상 성묘가
떠올라도
오고가지도
못한 신세

몸부림치다
지쳐서
대성통곡
해보지만
우리 이산
상처 한을
풀어 줄
당사자는

간 곳 없고
평생 흘린
눈물을
벗 삼아
통한을
가슴에 묻고
눈을 감다니

2016. 6. 25.

분단 정치

금수강산
삼천리
두 토막 낸 자
좌익 우익
아니냐
날만 새면
하는 소리
좌우익사상
민중들을
속여 놓고

70년이
지나도록
조국 분단을
모른 척
언제까지
좌우익 사상
날 새는 줄도

모르고
좌우익
떼 지어
하수인들
거느리고
남북한
민중들을

울타리
삼아 놓고
동족을
원수 삼아
이런 세상
어디 또
있을까

남한이나
북한이나

조국통일
한다는
소리가

위장전술
아닌가
언제까지
핑계만
일삼고

민중을
괴롭히는
좌익우익
편 갈라 놓고
분단 상처
외면하긴가

2017. 3. 2.

민중의 삶

87년 6 · 10
민중항쟁으로
민주화
쟁취한
공적도
모르고
날뛰는
권력자들이
권력남용으로
민생고
외면하고

국민의식
수준을
까맣게
잊은 정치인
관료들아

국민 위에
군림하고
국민을 개돼지로
인식하는
모리배들아

민주화 정치
한다고
민중을
속인 짓거리
그만 멈추고

민주의
혈세를
사금고
취급하는
정치인 관료
떼죽들아

언제나
정신 차려
민생고
풀어줄 날
기대해
보지만

정치인 관료
패권자가
민중의 삶
힘들게
하지 말고

언제나
정신 차려
민의를
따라줄까

                                    2017. 4. 5.

휴전선

북한은
북한대로
남한은
남한대로
자기 주장
옳다고
우긴 짓거리
그만 멈추고

휴전선
철조망
철거를
언제까지

북한이나
남한이나
보고만
있을까

남한도
한민족
북한도
한민족
원수도
아닌데

남한은
북한도
하나로
뭉치는 날
손꼽아
기다려
보지만

언제까지
휴전선
사이에 두고

경계하는
마음이
언제나
사라질까

반발자국만
물러서면
곧 풀릴 것
같은데

풀리지 않는
휴전선
언제나
사라질 날
기다리란
말인가

2017. 7. 11.

생이별

누구의
광풍인지
삼팔선 이름
붙여 놓고
오고가지도
못한 이런 세상
만들어 놓고

기다리는 세월
지나면
날마다
한해 두해
지내다가
수십 년이
흘러도

그리움에
사무쳐

평생을
가슴에 묻고
꿈속에서
헤메이다
서로 부둥켜안고

한없이
울다가 꿈을
깨어보니
허탈한 마음
가눌길 없네

무슨 놈의
광풍인지
망령끼가
되살아난
자들이

조국이고
민족이고
구분도
못하는
자들이
알 턱이
있겠는가

2017. 9. 10.

그리운 고향

누가 분단국
만들어 놓고
고향 산천
평생 동안
가슴에 묻고
꿈속 고향
모습이
병풍처럼
떠올라

평생 동안
단 하루도
부모형제
친인척
죽마고우
한시도
잊은 적 없고
평생 흘린

눈물이
바다를
이룬다면
돛단배 타고
고향에
갈 수만
있다면

꿈속에
그려보는
고향산천
생시에
이어지는
마음 간절한

소원 이루지
못하고
부모형제

가슴에다
멍들게
만든 자
뒷짐만 자고
바라보니

고향땅을
타향으로
멀어지게
만든 자들
눈물도
인정도
있을 턱이
있겠는가

2017. 10. 5.

가는 세월

가는 세월
하늘 높이
떠어가는
구름처럼
보인다면

눈이라도
마주쳐
말이라도
주고받지만

세월은
보이지 않고
말이 없으니
같이 갈 수도
없는 세월

보이지
않아도
자연 따라
감지할 뿐
세월 따라
가는 수밖에
없구나

       2018. 2. 7.

살아보니(인생수칙)

인생사
살아보니
일평생
건강이
으뜸이고

젊음은
황금인데
때를
놓치면

아무리
후회해도
간곳없고
인생살이
살아가면

앉을자리
설자리
구분 못하고
깨우치지
못하면
평생후회

인생은
굵고 짧게
사는 것을
늙어보니
알 것 같아
노욕은
불행이고

노후겸손은
미덕이란
지혜를

늙어서
이제야
깨우쳤네

        2018. 2. 20.

다수 대 소수자

소수 집단이
다수를
지배하는
소수자가
군림하고
특권을
편법으로

다수를
지배하는
이런 세상이
민주주의
방식은
아닌데

소수자권력
권력 남용이
민주주의를

짓밟고
다수를
학대하는
이런 세상이
민주주의
방식은
아닐 터인데

소수자들
마음대로
다수자를
지배하는
방식은
북한이나
하는 짓인데

민주주의
정의는

다수자가
원하는
세상은
민주주의
아닌가

2018. 3. 15.

동토

금수강산
삼천리
남북으로
갈라놓고
동토로
만든 자

만물의
영장인
인간들이
할 짓인가

남북한
동포는
한 핏줄인데

동토로
만든 자

춘풍으로
녹여
인정의
꽃피울 날
기다려
보지만

칼바람
일으켜
한반도를
동토로
만들어

민초들을
벌벌
떨게 하는
동토를
언제나

훈풍으로
녹여나 볼까

                    2018. 4. 23.

남북전쟁

70년이
흘러도
남북 냉전
고수하고
음흉한
남북한
권력자
만행이
호랑이
상을 하고

민주화
평화통일
농성하는
민초들을
좌익우익
사상을
덧씌워 놓고

남북한
권력자
속셈이
무엇인지
민초들의
상상으로
이해할 수 없는

잔인한
행동을
또다시
남북한
권력자
망령이
냉전을
뒤로하고

민주화

평화통일
애원하는
민초들의
진실함을
외면하고

왼쪽 귀로 듣고
오른쪽 귀로
외면하고

남북 냉전을
모른 척하니
민초들은
한숨이
절로난다

2018. 5. 6.

조국해방

일제치하
주권인권
송두리째
빼앗길 때
우리 동포가
사력을
다하여
한마음
한뜻으로 뭉쳐

1919년
기미년
삼일만세
함성으로
목숨 걸고
조국 구하러
몸부림쳐도

미소강대국
힘에 밀려
38선이란
올가미를
덧씌워도
항의 한 번
못하고

북한은
소련을
등에 업고
남한은
미국을
등에 업고

아무런
의미도 없는
단독 정부를

구성해놓고
남북분단의
오명을
남기고
말았네

                              2018. 8. 15.

이산의 아픔

1950년
6월 25일
북한군
남침으로
뼈아픈
동족상잔이

금수강산
삼천리
가는 곳마다
상처투성이

38선이
무너진 지
1953년
7월 27일
휴전협정
조인으로

이산의
아픔을

안고 살아온
우리 가슴에
숯덩이가
되도록
만나지
못한 심정

죽도록
고향산천
못 잊어
눈동자에
한이 맺힌 눈물

이제 생각하니
말보다

눈물로 답을
하다 보니

가족 상봉장이
눈물바다
이루고
고향 땅도 아닌
금강산 해상
호텔에서

3박 4일 동안
고작 12시간
가족 상봉이
철의 장막
따로 없네

2018. 10. 22.

| 제4부 |

조국의 분단

민주화 상

민주화
말잔치로
국민 위에
군림해도

민중들은
사력을
다하여
민주화
실천할
의지가

갈수록
식을 줄
모르는데
권력자들은
부귀영화
누리다가

부패 늪에
빠져도

민중들은
긴긴세월
민주화
운동을

한시도
멈추지 않고
희생으로
지켜온 값진
민주화를
기리기 위해

국회의사당
광장에
민중햇불

동상을 건립

민중의 뜻인
민주화
넋을 기려
보는 것도
환영 받을
일이 아닌가

2019. 1. 2.

국회상

선거는
분명히
민주주의
방식인데
의사당
등원하면
민의는
뒷전이고

산더미 같은
걱정민생고
제쳐놓고
권력
창고인 양
이권 찾아
사냥하고

당리당략에
푹 빠져
나랏일은
뒷전이고
고성만
오고가며
당 싸움만 하니

국회무용론
민심도
모르고
선량꾼인지
남봉꾼인지

무분별한
행동이
나라 일꾼인지
권력집단인지

분별을
못하겠네

2019. 2. 25.

시집살이

부모님이 정해준
낯선 사람 따라

결혼
사랑
배필
의미도 모르고

땅도 설고
물도 설고
낯도 설고
모두가 설어

해만 지면
친정 생각에

남몰래 눈물로
밤을 새워

날만 새면
시부모 시중에

친정 생각
잊고 살아보니

세월이 흘러
자식 낳아

기른 정에
모든 걸 잊고

살다보니
중년이 되어

자식 성장하니
시집살이 잊었네

2019. 3. 3.

어머님상

어머님이
손자 보고싶어
만사 제쳐놓고
완행열차 타고

전주역에서
내리셔서
지팡이 집고
노송천변
뚝길따라
걸어오셔서

작은 아들
방이 많아도
우리 집 좁은
단칸방에서

손자 사랑

못 잊어
손자와 함께
주무신 모습
떠올리면

수십년이
지나도
병풍처럼
떠올라
지워지지 않고
어른거리는

생전 모습이
보고 싶은 마음
간절해도
볼 수 없으니
부질없구나

       2019. 6. 7.

남과 북

금수강산
삼천리
상처 나는 날
산천초목도
떨고
산짐승도 울자

백성들이
대성
통곡하는
세상
만들어 놓고
남북한
백성들이
평생 동안
오고가지도
못한 세상
만들어 놓고

보고 싶어도
평생 동안
볼 수 없는
이런 세상
만들어 놓고

고통을
주는 자
평생 동안
모른 척
하다니
어이없고
기가 막혀

하소연해도
평생 동안
들은 척
모르는 척

귀막는자
누구이더냐

2020. 3. 17.

일용직 운명

새벽녘
밀린 꿀잠에
깨어나
일용직이란
힘든 천직도
마다하지 않고

2020년
4월 18일
경기도
여주이천
물류창고
공사 중
안전관리
방심이

78명
근로자 중

38명
일용직이
화염에
휩싸여

눈뜨고는
볼 수 없는
비참한
모습이
순식간에
무너지는 날

가정사
지키려고
힘들어도
힘드는 줄
모르고

근면하고
성실하게
살아온 삶
마지막이
될 줄이야
상상이나
했을까

                              2020. 4. 19.

조국의 분단

조국의
허리를
자른 자

남북한
망령자
아니야

통일을
핑계 삼아

참담한
동족상잔

민족에게
상처를
남겨 놓고

이산가족
상봉이
웬말이냐

                      2021. 8. 19.

민족의 죄인

조국은
하나인데
38선을
가로막아
권력을
마음껏
누리고

조국통일
운운하는
목소리
진정한
마음인지

아무리
생각해도
사변을
일으켜

백성의
목숨은
파리 목숨
취급하고

자기들
목숨은
귀족인가
아무리
생각해도

속성을
감추는
잔인한
모습이

민족의

죄인이
무슨 변명
해본들
역사가
일러준다

                        2021. 10. 4.

生命

퇴비 시대는
병충해
병이름도
모르는
세상에

화학 비료
시대가
열리면서
농작물이
병충해
몸살로
살충제가
판을 치고

석유 화학
시대를 맞아
사람들이

플라스틱 비닐
무분별
생산이

온 세상
오물로
뒤덮여
각종 질병에
해방되려면

퇴비 시대로
돌아가는 길이
지구를 살리고
인류 생명을
구하는
길이다

2021. 11. 16.

인생훈장

유년시절
포동포동한
살결이

청년시절
탄력 있는
근육질이

중년시절
들어서니
굳어진
살결이

어느새
노년시절
얼굴에

잔주름살
검버섯
피는 것은

세월의
훈장의미
살아보니

이제야
값진 줄
알았네

        2022. 10. 1.

사계소식

세월이
알려주는지
제비
뻐꾸기가
울어대면

만물이
잠에서
깨어나
털고 일어나
꽃을 피우니

매미가
울어대면
만물들이
푸른 바다를
이루고

귀뚜라미
울어대니
찬 서리 내려
산천초목이
단풍으로
물들어

북풍한설
눈 내리면
겨우내
쌓인 눈이
남녘 훈풍이
불어오면
녹아내리니

자연의
섭리가
인생의

스승인 것을
일깨워
주는구나

                        2022. 10. 7.

당신들

우리가
가시밭길
꽃길로
가꾸는 길
활개치며
걸어가고

우리 힘으로
농수축산물
피땀 흘려
생산해
놓으니

당신들은
거들먹
거리며

배만 채우고
나면

한다는
소리가
조국통일
한다고
명분론
앞세워

전쟁무기만
개발하고
우리 힘든 삶
안중에도 없고

우리가
바라는
평등한 세상

기다려
보지만
감감
무소식이네

                                              2022. 10. 10.

인생 삶

인생 삶
오는 세월
가는 세월
소리 없이

유년시절도
소년시절도
청년시절도

어느새
사라지고
노년에
이르니

희망도
행복도
팔자도
명예도

어디로
사라지고
노년시절
외로움이

하루하루
무모한
나날도

홀로 새긴
인생무상
아닌가

2022. 10. 12.

사노라면

사노라면
한세상
떠오르는
태양처럼

솟구치는
욕망도
희망도

용솟음치는
젊은 나날
떠올라

수많은
사연이

오늘도
내일도

모래도

뜬구름
흘러가듯

어디로
가는지

정처 없이
하늘을
바라보며

세월을
벗 삼아
가는 수밖에

2022. 10. 20.

| 제5부 |

평화통일

분단

남북분단
바라지도
원하지도
않았는데

삼팔선
장벽막아
평생 가지도
오지도 못하고

보고 싶어도
볼 수 없는
이런 세상
만들어 놓고

통일이니
남북대화니

이산가족
상봉이니

하는 말잔치가
국민의 마음을
울리는 구나

                    2022. 10. 25.

이태원 참사

2022년 10월 29일
이태원 할로윈데이
세계음식문화
축제거리에
모여든 13만 관중
콩나물시루처럼
틈새도 없이 밀려

주민들이 사태
심각성을 예감하고
오후 6시 34분부터
오후 10시 11분까지
11차례나 112신고
전화를 해도

치안간부들의
근무태만으로
오후 10시 15분경

압사 사고로
부상자 315명 중

사망자 159명 중
10대 20대가 118명
40대 50대가 15명
외국인 사망자 26명

코로나로 2년 동안
집에만 있다가
모처럼 기회 잡아
꽃다운 나이에
젊음을 마음껏

즐겨보려고
찾아간 곳이
기쁨도 잠시

몰려든 인파 속에
숨이 막혀
발을 동동 굴리며
살려달라고
몸부림치며
애원하다가

싸늘한 시신으로
보여주는 모습이
천재지변도 아니고
인재가 불러온
참사를 보고

부모형제자매가
애절한 통곡이
온 국민 마음을
아프게 울리는구나

2022. 10. 30.

늙어보니

젊은 시절
꿈 많은 시절
청춘이 가고
중년이 가고

어느 날
찾아 온
노년이
눈앞에
나도 모르게
성큼 다가오니

과거사
아무리
이력이
화려한들
늙어보니
간곳없고

후손에게
측은한
노후 삶
보여주면
안되는 걸

내 마음
같아서는
마지막
가는 길
유종의 미를
보여주는 것이

바램인데
어디 마음대로
안 되는 것을
도리가 없구나

2022. 12. 25.

아픈 이별

세월의
아픔을

밤이면
밤마다

베개를 베고
눈물로

사연을
병풍에다

글씨를
새겨놓고

아무리
가고파도

갈 수 없는
고향땅을

가지 못하고
기다리다

지쳐서
통곡하고

기다리며
살아온

이별의
아픔을

잊을 날이
언제인지

기약도
없구나

					2023. 9. 20.

세월무상

부모님 품에
철부지로
아무 물정도
모르고
말썽만
부리는
개구쟁이가

철들어
앞가림
하면서
성장하니

어느새
중년에
이르러

호시절
다 보내고

외로움을
느껴보는
70년대
80년대
살아보니

생명의
끝자락이
다가와
세월무상
떠올라

두루마리
추억을
되뇌이는

시간이
유일한
노년의
벗이구나

2024. 2. 10.

부모님 계신 곳

새벽잠에
깨어나
창밖에
샛별이
반짝이는
모습 보니

문득
돌아가신
부모님
얼굴이
떠올라

샛별에게
부모님
계신 곳
소식 알려
주면은

여한이
없을 터인데

2024. 2. 14.

철권체제

북한은
민중들이
자유를
달라고
농성하면

세습제
철권장막
권력 담을
쌓아 놓고

무차별
철창신세
인권을
짓밟고

날만 새면
살생무기만

개발하느라
정신없고

한다는 말이
남북통일
핑계대며

민중들을
설득하려
해보지만
하는 짓거리
보면은

철권집단이
권력성을
쌓아놓고
귀족티만
부리면서

민중들을
헌신짝
취급하고

언제나
정신 차려
자유 동산
만들어 놀까

2024. 5. 8.

권력타령

강대국
등살에
주권을
잃어가며

살아온 동안
백성들만
희생하고

정치권은
권력타령
노래만
부르니

나라살림
무너져
가는 날

백성들이
앞장서서
민주화
이루어도
순간이지

또다시
권력타령
망령에

백성의
마음만
울리는구나

2024. 5. 20.

분단망령

백성들이
기미삼일
만세운동이
일본인
간담을
서늘하게
했는데

우리나라
지도층은
미소 힘을
등에 업고

삼팔선을
경계삼아
분단국을
만들어 놓고

무엇이
부족해서
남한을
무력도발로
불바다를
이루어 놓고

동족상잔
일으켜
뼈아픈
이산가족
만들어 놓고

날만새면
살생무기
개발하고
남침기회만
노리지 말고

분단망령에
깨어나
남북한이
한마음
한뜻으로

화합하면
평화통일
이룰 터인데

2024. 6. 2.

무력통일

북한의
남침으로
동족상잔
일으켜

한반도를
전쟁터로
만들어 놓고

무엇이
부족해
아직도

살생무기만
개발하고
무력으로
통일을
한다고

야만인처럼
벼르고
있는 모습이
한심하기
짝이 없네

날만 새면
남한을
위협하려고
미사일을
쏘아대고

남한을
공포에
떨게하고
있으나

남한이
북한 측
폭력에

무너질
남한이
아닌데

착각 말고
남한에게
배워라

2024. 5. 5.

평화통일

남한을
북한이
동족상잔
일으켜

한반도
폐허를
남한의
힘으로
평화의
꽃을 피워

오늘날
까지도
북한 도발을
잠재우고

북한을
설득하여
평화 통일에
공을 드리고
있어도

북한은
망난이 짓만
하고 있다
남한따라
협력하면
남북한이
냉전을 풀고

백성들이
전쟁공포에
벗어나
평화통일 된

한반도에서
마음 놓고

행복을
누리고
평안히
살아볼
터인데

2024. 6. 10.

권력자 망령

정권만
잡으면
명분론
앞세워
민의를
모른척하고

권력이
변하여
독재자가
민생고를
거들떠
보지 않고

부정부패
늪에서
헤어나지
못하고

권력에
취해서
하수인
불러 모아
권력성을
쌓아 놓고
민심인
천심을
모른척하고

권력을
수단삼아
권력망령에
깨어나지
못하고

백성들
눈치만
살피는 구나

                                    2024. 7. 3.

망나니

미소 강대국
힘에 밀려
공산주의
민주주의
분단하는

망나니
등살에
동족상잔
가슴에 안고

살아온
백성들의
고통을
주는 자
권력자들
아닌가

2024. 6. 21.

조상님 농사

봄이 오면
농부의 할 일
소를 몰고
논에 나가
초벌두벌
쟁기질하고

비가 오면
논둑 밟아
논에 물 잡아
써레질로
논을 골라
모내기 하고
모가 자라면

초벌 맬 때는
모 사이를
호미질 할 때

흙더미에
치인 모를
꼬마들이
일으키고
두벌 맬 때는
손으로 매고
세 번 만드리
할 때는
농부가
소를 타고

꽹가리
징을 치고
풍년가를
부르면

어느새
벼이삭이
고개 숙여
가을바람에
출렁이는

황금들판
바라보면
농부의
일 년 소망이
이루어져

농자천하지
대본을
숙명처럼
살아오신

조상님의
순박하기
이를 데 없네

                    2024. 7. 15.

부록

노무현 대통령 영전에

당신은
노동자 소외계층
농어민
가슴에 품고
대통령에 당선
농어민 노동자
소외계층
삶을 개선하려고
혼신을 다한 모습이
선합니다

당신은
대통령 재임시절
때로는 타의에 의해
본의가 아닐 때는
혼자 고민에 시달려
많이 후회하는 모습
이제야 생각납니다

당신은
노동자 농어민
소외계층
고단함을 함께 하려고
고심한 흔적이
우리 곁을 떠난 후
진실한 마음을
알았습니다

당신은
고뇌하는 대통령보다
노동자 농어민
소외계층
생사고락을
함께 했더라면
비극은 없었을
터인데

당신은
노동자 농어민
소외계층
애절한 울부짖음이
저승에 들리시거든
모든 걱정 잊으시고
편안히 쉬옵소서

       2009. 5. 23.
   노 전대통령 비보를 듣고 즉흥시로 읊었음

우정탑

어린 시절
책보를
어깨에
둘러메고 뛰면
필통소리가
딸랑딸랑
학교 다닌
시절이
엊그제
같은데

어느새
소년티
벗어나
청년상으로
성장
중년을
넘어서

노년에
이를 때까지
동심은
새로워
지는데

얼굴쳐다
보며는
하나 둘
늘어나는
잔주름이
굵어져
세월의
무상함을
헤아려
보지만

늙어 가는
우리인생
되돌릴 수
없어도
60년 동심의
우정탑은
무너질 줄
모르고
평생 동안
쌓여만가네

2012. 8. 15.
송동초등학교 60주년 동창회를 회상하면서

막내처제에게

처제 초등학교 졸업식 때 축하편지 보내고 두 번째 편지를 쓰게 되었습니다.

부모님 품에서 곱게 자라 시골로 시집 보내면 농사일에 찌들어 고생할까봐 서울로 시집보낸 부모님 마음이 내 딸 행복하게 살라고 배필을 선택하신 것이겠지요. 결혼, 살아온 세월 뒤돌아보면 어떻게 흘러갔는지 모르고 살아온 세월 생각하면 어려움도 행복했던 시절이 교차하여 오늘에 이르고 보니 어느새 60세가 넘었네요. 이제는 본인 건강에 해를 끼치는 일은 삼가고 건강한 마음 쪽으로 생각하는 것이 최선이라고 생각하십시오. 삼자들이 위로한 말은 당시에는 위로가 되겠지만 중요한 것은 매사를 부정적인 생각보다는 긍정적으로 생각하는 것이 평생을 건강하게 살아가는 지혜가 아닌가 생각합니다.

2013. 1. 14.
형부 한식

신한식 시집
분단서시
―――

인쇄 2024년 9월 26일
발행 2024년 9월 30일
―――

지은이 신한식
발행인 서정환
펴낸곳 신아출판사
주소 서울시 종로구 삼일대로 32길 36, 운현신화타워 305호
전화 (02) 3675-3885, (063) 275-4000
팩스 (063) 274-3131
이메일 sina321@hanmail.net   essay321@hanmail.net
출판등록 제465-1984-000004호
인쇄·제본 신아문예사
―――

저작권자 ⓒ 2024. 신한식
이 책의 저작권은 저자에게 있습니다. 서면에 의한 저자의 허락없이 내용의 일부를 인용하거나 발췌하는 것을 금합니다.
COPYRIGHT ⓒ 2024. by Shin Hansik
All right reserved including the rights of reproduction in whole or un part un any form.
저자와 협의, 인지는 생략합니다.
잘못된 책은 바꿔 드립니다.
―――

ISBN 979-11-94198-56-7   03810
값 10,000원

Printed in KOREA